Sitzungsberichte der
Akademie der Wissenschaften der DDR Jahrgang 1973 · Nr. 22

FRED OELSSNER

Gesetze der sozialistischen Ökonomie

Vortrag und Diskussionsbeiträge

AKADEMIE-VERLAG · BERLIN
1975

Vortrag und Diskussionsbeiträge von
Fred Oelssner, Ordentliches Mitglied der AdW der DDR,
Gunther Kohlmey, Ordentliches Mitglied der AdW der DDR,
Jürgen Kuczynski, Ordentliches Mitglied der AdW der DDR,
Lieselotte Welskopf, Ordentliches Mitglied der AdW der DDR,
Herbert Hörz, Korrespondierendes Mitglied der AdW der DDR
in der Sitzung der Klasse Gesellschaftswissenschaften I
am 11. Oktober 1973.

Herausgegeben im Auftrage
des Präsidenten der
Akademie der Wissenschaften der DDR
von Vizepräsident Prof. Dr. Heinrich Scheel

Erschienen im Akademie-Verlag, 108 Berlin, Leipziger Str. 3–4

Lizenznummer: 202 · 100/260/75
Gesamtherstellung: VEB Druckerei „Thomas Müntzer", 582 Bad Langensalza
Bestellnummer: 752 7491 (2010/73/22) · LSV 0325
Printed in GDR
EVP 2,–

Inhaltsverzeichnis

Sitzungsberichte der AdW der DDR, 22 | 1973

F. OELSSNER

Gesetze der sozialistischen Ökonomie

I

Die wichtigste Aufgabe der politischen Ökonomie des Sozialismus besteht in der Erforschung und Formulierung der objektiven ökonomischen Gesetze des Sozialismus und ihrer Wirkungsweise. Darüber ist in den letzten Jahren sehr viel geschrieben worden, so daß die Literatur für den Einzelnen fast unübersichtlich geworden ist. Es gibt auch kontroverse Diskussionen besonders über die Wirkungsweise der ökonomischen Gesetze. Ich möchte an die vor einem Jahr zwischen Otto Reinhold und Jürgen Kuczynski geführte Diskussion über den Unterschied zwischen dem Wirken und dem Durchsetzen der objektiven ökonomischen Gesetze anknüpfen. Ich teile im wesentlichen den Standpunkt von Reinhold. Wenn Kuczynski auch seine These, daß die objektiven Gesetze spontan wirken, um sich aber durchsetzen zu können, der bewußten Beteiligung der Menschen bedürfen, durch das Wort „vielfach" einschränkt, so liegt in dieser These doch eine gewisse Unterschätzung des objektiven Charakters der ökonomischen Gesetze. Wenn diese sich nicht ohne und sogar gegen den Willen der Menschen durchsetzen könnten, dann hätte doch der Kapitalismus gar nicht existieren können. Aber das Wesentliche scheint mir doch eine andere Seite der Frage zu sein, nämlich nicht *ob*, sondern *wie* sich die objektiven ökonomischen Gesetze durchsetzen. Und hier liegt der wesentliche Unterschied zwischen Kapitalismus und Sozialismus.

Im Kapitalismus setzen sich die Gesetze blind, spontan, gewaltsam, wie Naturgesetze durch: mittels Preisrevolutionen, Krisen, Bankrotte, Betriebsstillegungen, Arbeitslosigkeit, Währungszerrüttungen usw. Und das hat immer gewaltige gesellschaftliche Verluste zur Folge.

Im Sozialismus hingegen werden die objektiven Gesetze in der planmäßigen Wirtschaftsführung bewußt angewandt. Ihre Wirkung und Durchsetzung erfolgt ohne Erschütterung, ohne Krisen. Die Voraussetzung dafür ist freilich, daß diese Gesetze erkannt sind und richtig angewandt werden. Wenn objektive ökonomische Gesetze nicht erkannt sind, oder wenn sie bewußt oder unbewußt verletzt werden, dann wirken

sie trotzdem und setzen sich auch durch — wie zum Beispiel das Gesetz der Proportionalität —, sie machen dann aber in der sozialistischen Planwirtschaft einen bewußten subjektiven Willensakt notwendig, daß heißt, sie erfordern ein 14. Plenum oder einen VIII. Parteitag. Es gilt hier das Wort von Friedrich Engels, daß die politische Gewalt in zweierlei Richtung wirken kann:
„Entweder wirkt sie im Sinn und in der Richtung der gesetzmäßigen ökonomischen Entwicklung. In diesem Fall besteht kein Streit zwischen beiden, die ökonomische Entwicklung wird beschleunigt. Oder aber sie wirkt ihr entgegen, und dann erliegt sie ... der ökonomischen Entwicklung regelmäßig".[1]
Im Sozialismus erzwingt das objektive ökonomische Gesetz, auch wenn es nicht erkannt ist oder verletzt wird, den gesellschaftlichen Akt, der die Anerkennung des Gesetzes bedeutet. Freilich wird dies — wenn dieser Akt zulange hinausgezögert wird —, mit großen Effektivitätsverlusten verbunden sein.

Es ist also, wenn ein objektives ökonomisches Gesetz noch nicht erkannt ist, zweierlei möglich:
Entweder wir handeln unbewußt, instinktiv mehr oder weniger entsprechend dem Gesetz, dann setzt es sich durch unser Handeln durch; oder wir handeln (unbewußt, unbeabsichtigt) dem Gesetz zuwider, dann setzt es sich spontan durch, verursacht große Effektivitätsverluste, weil erst die Schwierigkeiten und Verluste zum richtigen Handeln, das heißt zu dem erforderlichen gesellschaftlichen Akt führen.

So können nicht erkannte oder nicht beachtete objektive ökonomische Gesetze eine ständige Quelle von Verlusten sein, die das Nationaleinkommen mindern.

Aber das Erkennen der objektiven ökonomischen Gesetze hat auch für die Entwicklung der politökonomischen Wissenschaft des Sozialismus große Bedeutung. Nach der Auffassung von G. I. Glesermann, I. I. Kusminow und den Autoren des Buches „Grundlagen der marxistisch-leninistischen Philosophie" ist die Phase des Erkennens der ökonomischen Gesetze eine Art Vorbereitungsstadium wissenschaftlicher Erkenntnis, welche das erforderliche Material für die wissenschaftliche Verallgemeinerung anhäuft.[2]

[1] Friedrich Engels, Antidühring, in: Marx/Engels, Werke (im folgenden MEW), Bd. 20, S. 170.

[2] Socializm — pervaja faza kommunističeskogo sposoba proizvodstva, Bd. 3, Političeskaja ėkonomija, Moskva 1970, S. 158.

II

Damit komme ich zu meinem Hauptanliegen. Kennen wir denn schon alle oder wenigstens die meisten objektiven ökonomischen Gesetze der sozialistischen Produktionsweise? L. A. Leontjew schreibt:
„Die Entdeckung der ökonomischen Gesetze des Sozialismus, die konkrete Analyse des Mechanismus ihres Wirkens ist die Hauptaufgabe der Politischen Ökonomie des Sozialismus als Wissenschaft."[3]

Schenken wir dem ersten Punkt dieser Hauptaufgabe genügend Aufmerksamkeit? Haben wir hier nicht einen großen Nachholebedarf?

Gewiß, die Anerkennung des Warencharakters der sozialistischen Produktion war ein großer Schritt vorwärts in der Entwicklung der ökonomischen Wissenschaft, die Anerkennung einer Warenwirtschaft besonderer Art, ohne Privateigentum an Produktionsmitteln, ohne Privatproduzenten. Erst durch diese Anerkennung wurde der breite Weg zur Erforschung der objektiven ökonomischen Gesetze voll erschlossen, wurde daran gegangen, ihre Wirkungsweise zu erforschen und daraus Instrumente für eine effektive sozialistische Wirtschaftsführung zu entwickeln.

Darum betrachte ich das von Zagolow 1970 herausgebrachte Lehrbuch „Politische Ökonomie, Sozialismus" als einen Rückschritt, weil es den spezifischen Charakter der Warenproduktion im Sozialismus negiert und die Warenform praktisch lediglich als „kapitalistisches Muttermal" betrachtet[4]. Dadurch erleidet das Buch in wesentlichen Teilen eine große Einbuße.

Wenn wir die Skala der in der Literatur behandelten objektiven ökonomischen Gesetze überblicken, können wir feststellen, daß doch beträchtliche Fortschritte erzielt wurden. Während vor zwanzig Jahren etwa ein halbes Dutzend objektive ökonomische Gesetze erkannt waren, zählen die Thesen „Das System ökonomischer Gesetze des Sozialismus und die Berücksichtigung der objektiven Erfordernisse der ökonomischen Gesetze durch die Leitung, Planung und Stimulierung der schöpferischen Initiative der Werktätigen", die von einem Kollektiv des Lehrstuhls Politische Ökonomie des Sozialismus des Instituts für Gesellschaftswissenschaften beim ZK der SED im März 1973 veröffentlicht wurden[5], immerhin schon mehr als ein Dutzend Gesetze auf. Und im Lehrbuch

[3] L. A. Leont'ev, Ėkonomičeskie problemy razvitogo socializma, Moskva 1972,

[4] Autorenkollektiv unter Leitung von N. A. Zagolow,: Lehrbuch Politische Ökonomie, Sozialismus, Berlin 1972.

[5] Wirtschaftswissenschaft, 3/1973, S. 321ff.

von Rumjanzew[6] sind schon mehr als zwanzig Gesetze behandelt. Über diese Gesetze gibt es zahlreiche Veröffentlichungen. Es sind auch schon Anfänge für ihre Klassifizierung vorhanden, es wird sehr viel über das *System* der ökonomischen Gesetze geschrieben. Natürlich sind die Gesetze nicht gleichwertig, ohne Zweifel gibt es eine Hierarchie der Gesetze von unterschiedlicher Bedeutsamkeit. Und es gibt auch einen noch nicht abgeschlossenen Meinungsstreit über den Charakter einiger Gesetze. So meint zum Beispiel Jürgen Kuczynski, daß das Gesetz von dem stetigen Wachstum der Arbeitsproduktivität kein besonderes Gesetz des Sozialismus ist, sondern bereits die kapitalistische Gesellschaft beherrscht hat, oder daß es unrichtig ist, vom Gesetz der Verteilung nach der Arbeitsleistung zu sprechen, da es sich nicht um ein Gesetz, sondern um ein Prinzip handelt[7]. Daß diese Frage nicht geklärt ist, zeigt drastisch das Lehrbuch von Zagalow. Dort ist sowohl von dem *Gesetz* der Verteilung nach der Arbeitsleistung die Rede, viel mehr aber von dem *Prinzip* der Verteilung nach der Arbeitsleistung. Nun sind Gesetz und Prinzip gewiß sehr verschiedene Begriffe. Aber gerade in bezug auf die Arbeitsentlohnung entwickelt sich ein neues objektives ökonomisches *Gesetz*, nämlich das Gesetz der absoluten und relativen Zunahme der gesellschaftlichen Konsumtion. Es ist dies ein Gesetz, daß schon über die erste Phase der kommunistischen Produktionsweise hinausweist. Hier gilt schon nicht mehr vorwiegend das Leistungsprinzip, sondern das Prinzip der Bedürfnisbefriedigung. Nicht dem besten Aktivisten wird die Gallenblase herausgeschnitten, sondern unabhängig von seiner Leistung in der Produktion, dem Mann, der an Gallensteinen leidet.

Es gibt viele objektive ökonomische Gesetze, die im Sozialismus wirken, und die wir noch nicht erkannt haben, bzw. die wir nicht genügend beachten. Vielleicht sollten wir mal einen Katalog der bekannten ökonomischen Gesetze des Sozialismus ausarbeiten und sie dabei sinnvoll in ein System ordnen. Wir würden dabei bald merken, welch große Lücken noch vorhanden sind. Vielleicht könnte — mit den entsprechenden Unterschieden — ein solcher Katalog unserer Wissenschaft in ähnlicher Weise vorwärts verhelfen, wie in den letzten hundert Jahren das Periodische System der Elemente der Chemie?

[6] Politische Ökonomie des Sozialismus, Gesamtredaktion: A. F. Rumjanzew u. a., Berlin 1973. Ich werde im folgenden die von Autorenkollektiven verfaßten sowjetischen Lehrbücher jeweils nach dem Namen des erstgenannten Autors kennzeichnen, also Zagolow und Rumjanzew.

[7] Jürgen Kuczynski, Propheten der Wirtschaft, Berlin 1970, S. 165.

III

Nun ist es gar nicht so leicht neue ökonomische Gesetze der sozialistischen Wirtschaft, zusätzlich zu den bisher bekannten, zu finden. Denn es gilt ja nicht, diese Gesetze zu erfinden, sondern sie zu *entdecken*. Aber wir könnten meines Erachtens auf diesem Gebiete viel weiter sein, wenn wir energischer und beharrlicher, als wir das bisher taten, nach solchen Gesetzen forschen würden, wenn wir systematisch alle Bereiche der Ökonomie, Produktion, Distribution, Zirkulation und Konsumtion durchforsten würden, um die in ihnen wirkenden Gesetze aufzuspühren. Wenn viele dieser Gesetze vielleicht auch nicht so bedeutsam sind wie die grundlegenden Gesetze des Produktionsprozesses, so kann ihre Nichtbeachtung doch zu erheblichen Effektivitätsverlusten führen. Und theoretisch betrachtet, gehören sie auch zum System der ökonomischen Gesetze.

Wir könnten auch ein ganzes Stück weiter sein, wenn wir uns mehr bemüht hätten, die reiche Schatzkammer der Werke der Klassiker des Marxismus-Leninismus auszunutzen. Willy Becker weist auf die in der Klassifikation der ökonomischen Gesetze verbreitete Gruppierung nach der Wirkungsdauer der Gesetze hin und führt dabei die Gruppe der Gesetze auf, „die in mehreren aufeinanderfolgenden Gesellschaftsformationen wirken“, wie das Wertgesetz und das Geldumlaufgesetz.[8] Die Gesetze des Kapitalismus sind bekanntlich von Karl Marx in seinem Hauptwerk „Das Kapital“ formuliert und analysiert worden. Wo wären wir beispielsweise in der Analyse des Wertgesetzes im Sozialismus, wenn wir nicht die unerschütterliche Grundlage der Marxschen Werttheorie hätten! Marx selbst hat darauf hingewiesen, daß sich unter der kapitalistischen Form häufig ein allgemein gültiger Inhalt verbirgt. Er wies dies sogar für solche urkapitalistischen Kategorien wie Arbeitslohn und Mehrwert nach. Er schreibt: „. . . streift man sowohl dem Arbeitslohn wie dem Mehrwert, der notwendigen Arbeit wie der Mehrarbeit den spezifisch kapitalistschen Charakter ab, so bleiben eben nicht diese Formen, sondern nur ihre Grundlagen, die allen gesellschaftlichen Produktionsweisen gemeinschaftlich sind“.[9]

Die Gemeinschaftlichkeit, die sich hinter diesen Formen verbirgt, sind notwendige Arbeit und Mehrarbeit.

[8] Willy Becker, Ökonomische Gesetze des Sozialismus in der Diskussion, in: Einheit, 1/1973, S. 38.

[9] ;Karl Marx, Das Kapital, Bd. III, in: MEW, Bd. 25, S. 883.

Solche Gesetze, die Marx entdeckt hat, und die auch im Sozialismus gelten, wenn wir sie nur ihrer kapitalistischen Form entkleiden, gibt es eine ganze Menge. Dies gilt besonders für die Gesetze des Zirkulationsprozesses, der ja ein untrennbarer Bestandteil des gesellschaftlichen Reproduktionsprozesses ist, der von uns aber bislang nicht die ihm gebührende Aufmerksamkeit erfahren hat. „Der Reproduktionsprozeß des Kapitalismus umfaßt ebensowohl diesen unmittelbaren Produktionsprozeß, wie die beiden Phasen des eigentlichen Zirkulationsprozesses, d. h. den gesamten Kreislauf . . .[10], lehrt uns Karl Marx.

In unserer Forschung werden aber der Zirkulationsprozeß und seine Gesetze sträflich vernachlässigt, obwohl Marx ihnen bekanntlich einen ganzen Band seines Hauptwerkes gewidmet hat. Einen der Hauptgründe für diesen Mangel sehe ich darin, daß viele Ökonomen fürchten, der revisionistischen Konzeption eines „Marktsozialismus" geziehen zu werden, wenn sie sich mit Zirkulationsprobleme befassen, die ja zu einem großen Teil Marktprobleme sind. Und das Wort „Markt" wirkt auf manche Leute wie ein rotes Tuch auf den Stier. Man sollte solche Leute möglichst weit von der theoretischen Ökonomie entfernt halten, denn sie richten nicht unerheblichen Schaden an. Es ist ein unbestreitbares Verdienst von Wolfgang Heinrichs daß er erst unlängst in einem Aufsatz „Zu Entwicklungsproblemen der sozialistischen Warenzirkulation von Konsumgütern bei der Realisierung der Hauptaufgabe"[11] die Aufmerksamkeit unserer Ökonomen auf die Zirkulationsprobleme gelenkt hat. Natürlich sind diese nicht auf die Zirkulation von Konsumgütern beschränkt, aber das Verdienst Heinrichs' wird dadurch nicht geschmälert.

Ich möchte nun den Versuch unternehmen, die Gültigkeit einiger von Marx entdeckten Gesetze des gesellschaftlichen Zirkulationsprozesses für den Sozialismus nachzuweisen. Da wäre als erstes — weil seine Nichtbeachtung der sozialistischen Wirtschaft schon so große Verluste gebracht hat — das aus dem Warencharakter der Produktion entspringende Gesetz der Divergenz zwischen Produktion und Zirkulation im einheitlichen gesellschaftlichen Reproduktionsprozeß zu nennen. Marx hat dieses Gesetz für den Kapitalismus folgendermaßen formuliert: „Die Bedingungen der unmittelbaren Exploitation und die ihrer Realisation sind nicht

[10] Ebenda, Bd. II, in: MEW, Bd. 24, S. 351.

[11] Wolfgang Heinrichs, Zu Entwicklungsproblemen der sozialistischen Warenzirkulation von Konsumgütern bei der Realisierung der Hauptaufgabe, in: Wirtschaftswissenschaft, 7/1973, S. 989ff.

identisch. Sie fallen nicht nur nach Zeit und Ort, sondern auch begrifflich auseinander."[12]

Einige sowjetische Ökonomen behaupten, daß dieses Gesetz im Sozialismus keine Gültigkeit mehr habe. Und in der Tat, wenn wir die Marxsche Formulierung nehmen, fordert sie zu dieser Schlußfolgerung geradezu heraus. Doch wenn wir den allgemeinen Inhalt nehmen, die kapitalistische Form abstreifen, dann können wir das Gesetz so formulieren:
„Die Bedingungen der unmittelbaren Produktion des Nationaleinkommens und die seiner Realisation sind nicht identisch. Sie fallen nicht nur nach Zeit und Ort, sondern auch begrifflich auseinander."

Jeder, der keine Scheuklappen hat, sieht auf den ersten Blick, daß *dieses* Gesetz voll und ganz für den Sozialismus gilt. Von ihm hängt der Unterschied zwischen produzierten und verfügbaren Nationaleinkommen ab. Jeder versteht, daß Nationaleinkommen, das in der Produktion erzeugt wurde, im Zirkulationsprozeß aber nicht realisiert werden kann, eben auch nicht verfügbar ist. Hinter diesem Gesetz verbirgt sich das uns allen bekannte leidige Problem der unabsetzbaren Überplanbestände. Mit diesem Problem schlägt sich die sozialistische Wirtschaft nun schon seit Jahrzehnten herum, und wir können leider nicht sagen, daß wir der Lösung viel näher gekommen seien. Im Juni d. J. las ich in der „Pravda" einen Artikel unter der Überschrift „Eingefrorene Millionen", in dem mitgeteilt wird, daß sich in den ländlichen Konsumgenossenschaften der Ukraine für 500 Millionen Rubel unabsetzbare Waren — meist Kleidung und Schuhe — angesammelt haben. Mit der Wirtschaftsreform in der UdSSR wurde bekanntlich eine neue Form der Planabrechnung eingeführt. Danach wird die Planerfüllung nicht mehr nach der produzierten, sondern nach der abgesetzten Warenmenge bewertet. Aber auch das hat — wie das Beispiel Ukraine zeigt — das Problem nicht gelöst, denn, so teilt die „Pravda" mit, „Formal ist die ganze Produktion der Schuh- und Konfektionsfabriken realisiert"[13], wenn sie ihre Waren an die Handelsorganisationen verkauft haben. Für die Gesellschaft aber kommt es auf dasselbe heraus, ob der dadurch entstehende Verlust, die Minderung des Nationaleinkommens in der Produktion oder im Handel abgebucht werden muß, denn beide gehören zur sozialistischen Wirtschaft. Da es sich hier um Konsumgüter handelt, sind die von Wolfgang Heinrichs dargestellten Anstrengungen in der DDR seit dem VIII. Parteitag [14] durchaus brauch-

[12] Karl Marx, Das Kapital, Bd. III, in: MEW, Bd. 25, S. 254.

[13] Eingefrorene Millionen, in: Prawda vom 19. Juni 1973.

bare Mittel, der Divergenz zwischen Produktion und Zirkulation wenigstens teilweise Herr zu werden.

Ein weiteres Gesetz, das wir von Marx ableiten können, ist das Gesetz oder sind die Gesetze des Kreislaufprozesses. Marx drückt die erste Figur des Kreislaufprozesses bekanntlich in der Formel

$$G - W \ldots P \ldots W' - G'$$

aus. Wenn wir nun nicht den Kreislauf des Kapitals, sondern den Kreislauf der Fonds der sozialistischen Betriebe betrachten, müssen wir feststellen, daß sie, solange Warenproduktion besteht — im wesentlichen denselben Kreislauf durchmachen müssen. Das wird in dem Lehrbuch von Zagalow bestritten. Die Autoren meinen, daß nicht das Geld der Ausgangspunkt des Kreislaufs der sozialistischen Fonds ist, sondern die Produktion (die zweite Figur bei Marx). Sie schreiben:

„Nicht nur historisch, auch logisch ist das Geld nicht das erste Stadium des Kreislaufs der Fonds der sozialistischen Betriebe."

„Der Wert der Produktionsfonds existiert anfangs in der Produktionssphäre, dann geht er von der Produktionsform in die Warenform, von der Warenform in die Geldform und von der Geldform erneut in die Produktionsform über."[15]

Ich kann mich dieser Darstellung nicht anschließen. Sie stellt nicht nur eine Unterschätzung der Rolle des Geldes in der sozialistischen Wirtschaft dar, sondern entstellt auch den wirklichen Kreislauf der Fonds der sozialistischen Betriebe.

Nehmen wir zwei Beispiele: Erstens die Neugründung eines sozialistischen Betriebes. Die dafür erforderlichen Mittel werden aus dem Staatshaushalt als finanzielle Investitionsmittel gegeben, sie treten also in Geldform auf. Mit diesen Mitteln läßt der Investitionsträger Gebäude errichten, kauft die maschinellen Anlagen und stellt schließlich Arbeitskräfte ein. Der Fonds vollzieht also die Metamorphose G — W. In der Produktion entsteht das Produkt einschließlich Mehrprodukt in Gestalt der produzierten Waren, also W'. Dieses Produkt muß dann realisiert, das heißt verkauft werden, also vollzieht es die Metamorphose W' — G'. Damit ist der erste Kreislauf dieses Fonds abgeschlossen, und es beginnt der nächste Kreislauf, wieder mit G.

[14] Wolfgang Heinrichs, Zu Entwicklungsproblemen der sozialistischen Warenzirkulation von Konsumgütern bei der Realisierung der Hauptaufgabe, in: Wirtschaftswissenschaft, 7/1973, S. 991f.

[15] Zagolow, Lehrbuch Politische Ökonomie Sozialismus, Berlin 1972, S. 380.

Nehmen wir als zweites Beispiel einen im Gang befindlichen Betrieb. Der Betrieb hat seine Mittel selbst zu erwirtschaften. Das hat er aber erst vollbracht, wenn er seine produzierten Waren verkauft, das heißt aus der Warenform in die Geldform verwandelt hat, also W' — G'. Erst dann kann er Rohstoffe usw. kaufen und neue Arbeitslöhne bezahlen. Also beginnt auch er den neuen Kreislauf seiner Fonds mit der Geldform. Ich kann deshalb nicht einsehen, warum die Fonds, die ja Werte darstellen, andere Kreislauffiguren durchlaufen sollen als die von Marx dargestellten.

Noch eine Einwendung gegen die Anwendung der Marxschen Kreislauffiguren muß hier zurückgewiesen werden. Die erste Metamorphase in der Marxschen Figur dechiffriert sich bekanntlich in

$$G - W\left\langle{Pm \atop Ak}\right.,$$

womit die Geldform in die Form des produktiven Kapitals verwandelt ist. Nun wird von einigen sowjetischen Ökonomen eingewandt, diese Formel könne für den Sozialismus nicht gelten, weil die Arbeitskraft ja keine Ware sei und darum G — Ak nicht existiere. Anstelle der Arbeitskraft müsse in der Formel der Arbeitslohn treten, der aber in Geldform auftritt.

„In dem Fall“, so sagen diese Ökonomen, „verliert aber die Umwandlung G — L ihren Sinn, weil hier Geld sich in Geld verwandelt“.[16]

Der Gedankenschnitzer, der hier vorliegt, ist ganz offensichtlich. Wieso soll in der Formel anstelle der Arbeitskraft der Lohn treten? Der Arbeitslohn wird doch den Arbeitern ausbezahlt und verschwindet in der Sphäre der individuellen Konsumtion. Er hat mit dem Kreislauf der Fonds überhaupt nichts mehr zu tun. Was an die Stelle der Arbeitskraft in Kreislauf des Kapitals tritt, ist im sozialistischen Betrieb die *Arbeit*, das andere Element der produktiven Fonds, dafür gibt der Betrieb den Lohnfonds weg.

Wesentlich in der Marxschen Analyse ist nun die Feststellung, daß alle Phasen des Kreislaufs reibungslos ineinander übergehen müssen. Marx schreibt:

„Jede Stockung des Nacheinander bringt das Nebeneinander in Unordnung, jede Stockung in einem Stadium bewirkt größre oder geringre Stockung im gesamten Kreislauf nicht nur des stockenden Kapitalteils, sondern auch des gesamten individuellen Kapitals.“[17]

[16] A. K. Pokrytan, Produktionsverhältnisse und ökonomische Gesetze des Sozialismus, Berlin 1973, S. 190.

[17] Karl Marx, Das Kapital, Bd. II, MEW, Bd. 24, S. 107.

Dieses von Marx für den Kreislauf des Kapitals entwickelte Gesetz gilt auch für den Kreislauf der sozialistischen Fonds. Jede Stockung im Kreislauf bringt eine Unterbrechung der Kontinuität der Produktion hervor, die wiederum eine Effektivitätseinbuße bedeutet. Die Kontinuität selbst ist ja, wie Marx feststellt, eine Produktionskraft der Arbeit[18]. Für den Kreislauf des Kapitals ist bekanntlich die letzte Metamorphose des Kreislaufs, W' — G' die entscheidende Phase, der salto mortale der Ware. In der sozialistischen Produktion kann diese Phase auch Schwierigkeiten bereiten (siehe Überplanbestände), aber auch die erste Zirkulationsphase G — W(Pm) kann zu Störungen der Kontinuität Anlaß geben. So wird im Lehrbuch Zagolow berichtet, daß in der Sowjetunion im Jahre 1968 der Fonds für die Entwicklung der Produktion nur zu 74 Prozent ausgeschöpft wurde, weil „es den Betrieben in einigen Fällen nicht möglich war, die benötigten Maschinen und Ausrüstungen zu beschaffen".[19]

Es ergibt sich somit, daß die Beherrschung der Kreislaufgesetze für eine effektive Leitung der Wirtschaft von großer Bedeutung ist.

Ein weiteres von Marx entdecktes Gesetz des Zirkulationsprozesses ist das Gesetz des Umschlages des fixen Kapitals, bzw. der Übertragung seines Wertes auf das Produkt. Es wirkt in der sozialistischen Produktionsweise als Gesetz des Umschlags der Produktions-Grundfonds. In dem Lehrbuch von Rumjanzew wird dazu festgestellt:

„Viele von den Marxschen Leitsätzen treffen auch auf die sozialistische Wirtschaft zu."[20]

Marx lehrt bekanntlich, daß der Wert des fixen Kapitals (der Produktionsgrundfonds im Sozialismus) sukzessive, während einer längeren Zeitdauer, auf das Produkt übertragen wird. Muß eine Maschine aus irgendwelchen Gründen vorfristig ausgewechselt werden, so ist der in ihr fixierte, noch nicht übertragene Wert verloren. Auch dieses Gesetz gilt für die sozialistischen Produktionsgrundfonds. Wenn eine Maschine, die 100000 Mark gekostet hat und jährlich 10000 Mark an das Produkt abgibt, nach sechs Jahren stillgelegt wird, entsteht ein effektiver Verlust von 40000 Mark. Dieser Verlust kann durch den größeren Nutzen, den eine neue, produktivere Maschine bringt, überkompensiert werden. Der Verlust bleibt trotzdem. Nun darf man aus diesem objektiven ökonomischen Gesetz nicht den Schluß ziehen, daß man mit der Ersetzung veralteter Technik durch neue langsam treten soll. Die Schlußfolgerungen

[18] Ebenda, S. 283.

[19] Zagolow, Lehrbuch Politische Ökonomie, Sozialismus, Berlin 1972, S. 560.

[20] Rumjanzew, Politische Ökonomie des Sozialismus, Berlin 1973, S. 323.

aus der Anwendung dieses Gesetzes sind andere. Erstens gilt es, durch bessere Ausnutzung der Maschine die Zeit, in der ihr Wert übertragen wird, möglichst zu verkürzen (Zwei- oder Drei-Schichten-Arbeit), zweitens gilt es, die voraussichtliche physische und moralische Lebensdauer der Maschine möglichst genau zu berechnen, und die Abschreibungssätze (das heißt die Normen für die Wertübertragung) so festzusetzen, daß am Lebensende der Maschine ihr Wert restlos auf das Produkt übertragen und realisiert ist. Nur wenn das Gesetz so verstanden und angewandt wird, werden Verluste vermieden.

Ein weiteres Gesetz, das ich anführen möchte, ist das Gesetz des Wertverlustes bei Verderb des Gebrauchswertes. Marx formuliert dieses Gesetz so:

„Für die Zirkulation des Warenkapitals W' — G' sind bestimmte Schranken durch die Existenzform der Waren selbst, ihr Dasein als Gebrauchswerte gezogen. Sie sind von Natur vergänglich. Gehn sie also innerhalb gewisser Frist nicht in die produktive oder individuelle Konsumtion ein, je nach ihrer Bestimmung, werden sie, in andren Worten, nicht in bestimmter Zeit verkauft, so verderben sie und verlieren mit ihrem Gebrauchswert die Eigenschaft, Träger des Tauschwerts zu sein. Der in ihnen enthaltene Kapitalwert, serp. der ihm angewachsne Mehrwert, geht verloren."[21]

Ersetzen wir die Worte Kapitalwert durch Wert des Grundfonds und Mehrwert durch Nationaleinkommen, so gilt dieses Gesetz auch für die sozialistische Gesellschaft. Für einen theoretisch geschulten Marxisten scheint das eine Trivialität, weiß er doch, daß Wert ohne Gebrauchswert nicht existieren kann. Für die Praxis hat es jedoch große Bedeutung. Ich weiß aus meiner früheren Tätigkeit, wie schwer es ist, dieses einfache Gesetz den mehr kameralistisch denkenden Finanzfunktionären begreiflich zu machen und welche Verluste daraus entstanden sind.

Zum Schluß möchte ich noch ein Gesetz herausgreifen, das Marx im zweiten Band entwickelt hat, das Gesetz der Fondsaufwendungen für die Arbeitsperiode, das auch für die sozialistische Wirtschaft gilt. Marx hat, schon in sozialistische Termini umgesetzt, nachgewiesen, daß die Masse der nacheinander vorgeschossenen, zusätzlichen Fonds mit der Länge der Arbeitsperiode wächst[22] und daß sich entsprechend der Dauer der Arbeitsperiode der Wertteil häuft, den der Produktionsgrundfonds schichtweise an das Produkt abgibt, und daß der Rückfluß dieses Wertteils verzögert wird[23]. Und schon nicht bloß für den Kapitalismus leitet

[21] Karl Marx, Das Kapital, Bd. II, in MEW, Bd. 24, S. 130.

[22] Ebenda, S. 235.

[23] Ebenda, S. 239.

Marx daraus die Schlußfolgerung ab, „daß die Gesellschaft im voraus berechnen muß, wieviel Arbeit, Produktionsmittel und Lebensmittel sie ohne irgendwelchen Abbruch auf Geschäftszweige verwenden kann, die, wie Bau von Eisenbahnen z. B., für längere Zeit, ein Jahr oder mehr, weder Produktionsmittel noch Lebensmittel, noch irgendeinen Nutzeffekt liefern, aber wohl Arbeit, Produktionsmittel und Lebensmittel der jährlichen Gesamtproduktion entziehn“[24].
Wer kann daran zweifeln, daß dieser Satz voll und ganz für die sozialistische Produktion gilt?

Es mag verwunderlich erscheinen, daß ich zur Stützung meiner These, aus dem zweiten Band von Marx könnten Zirkulationsgesetze des Sozialismus abgeleitet werden, solche relativ wenig bekannten Gesetze anführe und nicht das Hauptgesetz aus dem dritten Abschnitt des zweiten Bandes, das Gesetz der Proportionalität der beiden Abteilungen des gesellschaftlichen Gesamtkapitals im Reproduktionsprozeß. Aber die Gültigkeit der Proportionen

$$I(v + m) = IIc$$

für die einfache Reproduktion und

$$I(v + m) > IIc$$

für die erweiterte Reproduktion ist so allgemein anerkannt, daß ich hier wirklich nur offene Türen einrennen würde.

Ich komme zum Schluß. Mein Anliegen möchte ich als doppelten Appell an die Wirtschaftswissenschaftler der DDR verstanden wissen:

Erstens: wir sollten dem „Vorbereitungsstadium“ der wirtschaftswissenschaftlichen Erkenntnis, nämlich dem Auffinden der objektiven ökonomischen Gesetze des Sozialismus, größere Aufmerksamkeit als bisher widmen, sozusagen auf Entdeckungsfahrt gehen, um bisher nicht bekannte ökonomische Gesetze aufzufinden, zu formulieren, ihre Wirkungsweise im Sozialismus zu erforschen und daraus Instrumente für ihre bewußte Anwendung in der Wirtschaftspraxis entwickeln.

Zweitens sollten wir bei der Lösung dieser Aufgabe in viel größerem Maße die Werke der Klassiker des Marxismus heranziehen, damit wir nicht in mühevoller Analyse des empirischen Wirtschaftsgeschehens Gesetze suchen, die von den Klassikern — wenn auch in anderer Form — längst entdeckt sind.

Die Lösung dieser Aufgaben wird sicherlich dazu beitragen, die Effektivität der sozialistischen Wirtschaft zu erhöhen und die Vorteile des Sozialismus gegenüber dem Kapitalismus besser zur Geltung zu bringen.

[24] Ebenda, S. 316f.

Sitzungsberichte der AdW der DDR, 22 | 1973

G. Kohlmey

Stochastischer Charakter ökonomischer Gesetze und Verhaltensweisen

1. Mit der Entwicklung des Sozialismus entwickelt sich auch sein Reichtum an Problemen. Diese Erfahrung haben wir wohl alle gemacht.

Reichhaltiger wird das gesamte System der Produktivkräfte mit seinen Strukturen, seinen Elementen und Wechselbeziehungen. Ständigen Umgestaltungen wird demzufolge das System der sozialistischen Produktionsverhältnisse und ihres gesellschaftlichen Überbaus mit dessen Bewußtseinsformen und Institutionen unterworfen. Komplexer wird zwangsläufig die Struktur der Wechselbeziehungen zwischen Produktivkräften, Produktionsverhältnissen und Überbau.

Alles das gilt, dem Wesen der Sache nach, auch für die gesellschaftlichen Entwicklungsgesetze des Sozialismus, in denen wir das Objektive, Typische, Notwendige und Stabile in der Entwicklung der sozialistischen Gesellschaft formulieren. Die ökonomischen Gesetze, die das Wesentliche der sozialistischen Produktionsverhältnisse zum Ausdruck bringen, sind einbezogen. Es verändert sich der Reichtum der Erscheinungen bzw. Attribute, die in den ökonomischen Gesetzen verallgemeinert werden. Weiteren Entwicklungen unterliegen auch die widerspruchsvollen Wechselbeziehungen zwischen den verschiedenen wirtschaftlichen Gesetzen.

So verändern und entwickeln sich zum Beispiel mit der weiteren Vervollkommnung der sozialistischen Gesellschaft die Beziehungen zwischen dem Gesetz der Planmäßigkeit und den Gesetzen der Ware-Geld-Beziehungen. Neue Züge beobachten wir in den sozialistischen Distributionsgesetzen, und zwar in dem Maße, in dem der Prozeß der sozialisitschen Vergesellschaftung von Arbeit und Produktion vorangeht, in dem die Großproduktion ausgebaut und die wissenschaftliche Arbeit immer mehr in den Produktionsprozeß integriert wird, in dem Maße auch, in dem sich die industriemäßigen Arbeits- und Produktionsmethoden in der sozialistischen Großlandwirtschaft entwickeln. Schließlich ändern sich mit der Reife der einzelnen sozialistischen Volkswirtschaften und dem quantitativen und qualitativen Erstarken des sozialistischen Weltsystems auch die internationalen Bedingungen für das Wirken der ökonomischen Gesetze, und dies besonders in der heutigen Zeit schneller wissenschaftlich-technischer Veränderungen.

Vieles andere ließe sich anführen. Ich möchte mich in Anbetracht des zur Verfügung stehenden Rahmens auf zwei Fragenkreise beschränken:

a) auf das Verhältnis von „großen“ und „kleinen“ ökonomischen Gesetzen,
b) auf das Verhältnis von ökonomischen Gesetzen und den Gesetzen gesellschaftlicher Verhaltensweisen.

2. Es scheint mir sehr wichtig und vom praktischen Nutzen, daß unser Referent unter anderem auf die Bedeutung der Zirkulations- oder Marktgesetze hingewiesen hat. Von ihnen ist in den Bänden des „Kapitals“ von Karl Marx oft genug die Rede. Ziehen wir entsprechend der Methode von Marx diesen Gesetzen die Hülle des Kapitalverhältnisses ab, so bleiben allgemeine Gesetze der Warenwirtschaft übrig, unter deren Zwang wir auch im Sozialismus stehen, die wir also richtig nutzen müssen.

Mit dem Hinweis des Referenten auf die Zirkulationsgesetze wird, so scheint es mir, ein bedeutsames methodologisches Problem zur Diskussion gestellt: das Problem des Verhältnisses von universellen ökonomischen Gesetzen, die im Ganzen einer Produktionsweise wirken, und partiellen Gesetzen, deren Geltungsbereich auf Teile der Produktionsweise beschränkt ist.

In unseren Lehrbüchern und landläufigen Darstellungen zur Politischen Ökonomie des Sozialismus ist überwiegend nur von den universellen Gesetzen der wirtschaftlichen Bewegung und Entwicklung die Rede, dem Grundgesetz, dem Gesetz der Ökonomie der Zeit, dem der planmäßigen und proportionalen Entwicklung, dem Gestz der Steigerung der Arbeitsproduktivität und dem Wertgesetz, manchmal auch vom Gesetz der ständigen Steigerung der Bedürfnisse.

Natürlich gibt es im Sozialismus ohne das Erkennen und Beherrschen dieser Gesetze, ohne daß wir bewußt und planmäßig ihrem objektiv begründeten Zwang Rechnung tragen, keinen gesellschaftlichen Fortschritt.

Von keineswegs geringerer Bedeutung sind allerdings das Erkennen und Berücksichtigen der „kleinen“, der partiellen Wirtschaftsgesetze, derer also, die nur in einzelnen Sphären, Elementen usw. der sozialistischen Produktionsverhältnisse wirken. Ihre Zahl ist nicht nur groß, sondern unendlich, denn die Wirklichkeit und die Wahrheit sind unendlich.

In einigen Diskussionen wurde mir auf diese These geantwortet, daß wir keine „Inflation“ von Gesetzen brauchen. Als ob das von unserem Wollen abhinge! „Inflationär“ ist das Objektive, und unser Denken darf nicht knauserig sein. Wir müssen das großartige Wirkliche der sozialistischen Entwicklung und des Kampfes um die künftige kommunistische Gesellschaft theoretisch gut in den Griff bekommen.

Als methodologische Begründung meiner These ließe sich auch weiter anführen, daß sich jede allgemeine Kategorie in Richtung auf das Konkrete entfaltet, daß sie ihre Attribute und Erscheinungsformen hat. Der Wert entfaltet sich zu Geld und Preis, zu Lohn und Rente, zu Kredit und Valutakurs usw. Ganz entsprechend, so scheint mir, gibt es eine Hierarchie ökonomischer Gesetze, ein System der Entfaltung vom Universellen zum Partiellen ihrer Wesenszüge und ihres Wirkens.

Einige dieser partiellen ökonomischen Gesetze wären:
- das Gesetz der großen Produktionsserie,
- der Zusammenhang von Produktionsleistung, Geldeinkommen der Produzenten und Warenangebot im Einzelhandel,
- die Interdependenz von Preisstrukturen,
- die Wechselbeziehungen von Auslandspreisen (Import- und Exportpreisen) zu Binnenpreisen,
- der Einfluß von Veränderungen des Preisvolumens (etwa durch Industriepreisreformen) auf das Kreditvolumen,
- die Ableitung von Monopolstellungen aus Engpässen,
- das Horten bei unregelmäßigem Warenangebot,
- die Auswirkungen einer Arbeitskräfteknappheit auf die Lohnstrukturen.

Diese Auswahl soll nur illustrieren. Selbstverständlich funktioniert eine Planwirtschaft um so reibungsloser, je besser es gelingt, diese ökonomischen Kausalzusammenhänge zu erkennen und bei der Ausarbeitung wie Durchführung der Pläne zu berücksichtigen.

Unter dem Blickwinkel der wirtschaftspolitischen und planerischen Entscheidungsfindung scheint mir noch wichtig zu sein, daß der stochastische Charakter der „großen“ und der „kleinen“ ökonomischen Gesetze in der Regel unterschiedlich ist. Das ökonomische Grundgesetz, das Gesetz der wirtschaftlichen Proportionen (des wirtschaftlichen Gleichgewichts), das Wertgesetz und alle anderen universellen ökonomischen Gesetze der sozialistischen Produktionsweise erlauben selbst für kurze Zeiträume und gegebene historische und natürliche Bedingungen eine Vielzahl von Entscheidungsvarianten bei der Formulierung von Zielen und Subzielen wie auch bei der Zuordnung der Mittel. Es ist die Kunst der Wirtschaftspolitik und der Volkswirtschaftsplanung, irreale Zielstellungen zu vermeiden und unter den möglichen optimalen Zielkombinationen bei Ausschöpfung der Möglichkeiten der sozialistischen Demokratie gut auszuwählen. Ich brauche nur auf die ökonomischen Hauptaufgaben zu verweisen, die in den letzten Jahren in einer Reihe von RGW-Ländern (und dabei ja auch bei uns in der DDR) gestellt worden sind, um anzudeuten, wie bei Beachtung der gegebenen Limitierungen an Ressourcen vielfältige reale Ziel-Mittel-Kombinationen möglich sind, unter denen die Wirtschaftspolitiker zu wählen haben.

Die partiellen ökonomischen Gesetze lassen im allgemeinen weniger Entscheidungsvarianten als die universellen zu, sie befinden sich oft im Übergang von stochastischen zu dynamischen Kausalgesetzen oder sind sogar dynamischer Natur. Als Beispiel sei das Gesetz der Kostenkurve, der Bestimmung der Stückkosten durch die Losgröße, angeführt. Hier gibt es, wenn wir Zulieferungen (Verflechtungen, Input-Output-Beziehungen) und Kuppelproduktionen außer Ansatz lassen, keine Freiheit der Entscheidung über Varianten; der ökonomische Zwang ist linear.

Auch unter diesem Gesichtspunkt wird klar, wie wichtig das Kennen und Ausnutzen der partiellen ökonomischen Gesetze für die rationelle Gestaltung der sozialistischen Wirtschaft ist.

3. Mit den Bemerkungen vom Zwang der ökonomischen Gesetze, von Entscheidungsfreiheit und Entscheidungsvarianten wird der Zusammenhang der Subjekt-Objekt-Beziehungen mit dem Wirken und Ausnutzen der wirtschaftlichen Bewegungs- und Entwicklungsgesetze berührt.

Das objektive Wirken wirtschaftlicher Gesetze löst bestimmte gesellschaftliche Verhaltensweisen aus. Das ist ein notwendiger, ein gesetzmäßiger Vorgang, und zwar ein stochastischer. In der Regel sind in gegebenen Situationen, unter gegebenen Bedingungen verschiedene Verhaltensweisen möglich, allein schon deshalb, weil es nicht um ein einzelnes und einziges (punktuelles) Verhalten geht, sondern um das von Klassen, vielen Individuen und Gruppen — der Partei- und Staatsführung, der Minister, der territorialen Einheiten, Betriebe, Institute, Kombinate und ihrer Einheiten, der Produzenten, Einkommensempfänger und Verbraucher, der Produktionsarbeiter, Verwaltungsangestellten, Mitarbeiter in der Plankommission, verschiedenen Gruppen von Intellektuellen usw., usf.

Jedes Verhalten geht von Parametern aus. Abgesehen von den natürlichen Bedingungen und Ereignissen, werden die Bedingungen von Menschen gesetzt, wobei oft eine Gruppe von Menschen die Verhaltensbedingungen für eine andere Gruppe setzt.

Bekannte Beispiele sind die Reaktionen der volkseigenen Betriebe auf Parameter (Normative, Stimuli, gesetzliche Vorschriften usw.), die von der volkswirtschaftlichen Zentrale vorgegeben werden. Wird die Erfüllung des Plans der Bruttoproduktion zum Hauptkriterium der Leistung des Betriebes gewählt, so löst dieser Parameter ein anderes Betriebsverhalten aus als die Kennziffern industrielle Warenproduktion oder Betriebsergebnis. Nicht ohne Grund ist ja auch gegenwärtig die Zuführung zum Prämienfonds für die Erfüllung des Gegenplans höher als die für seine Übererfüllung. Diese Regelung stimuliert die Ausarbeitung „harter“ Gegenpläne.

Vielerlei Erfahrungen haben wir in der DDR und in anderen RGW-Ländern mit Kennziffern für Lohn und Arbeitskräfte gesammelt. Wird nur eine einzige Kennziffer vorgegeben, etwa der Durchschnittslohn, so ist das betriebliche Verhalten anders als bei vielen Kennziffern für die Zahl der Arbeitskräfte, für ihre Aufteilung nach Lohngruppen, für ihre Gliederung in Produktionsarbeiter, technisches Personal, Hilfspersonal usw. Wird schließlich als einzige Kennziffer statt des Durchschnittslohns die Zahl der Arbeitskräfte vorgegeben, so wird das wiederum andere betriebliche Reaktionen auslösen.

Ähnliche Subjekt-Objekt-Probleme beim Wirken der ökonomischen Gesetze tauchen beim Verhalten der Einkommensbezieher und der Verbraucher bei Lohnregelungen, Preisregelungen und anderen Parametern auf. Viele weitere Beispiele ließen sich anführen.

Die praktische Bedeutung gesellschaftlicher und individueller Verhaltensweisen beim Wirken und Ausnutzen der wirtschaftlichen Bewegungs- und Entwicklungsgesetze besteht offensichtlich darin, daß die gute Beherrschung der Gesetzmäßigkeiten der Subjekt-Objekt-Beziehungen ebenso wichtig für eine gute Leitung und Planung ist wie das Kennen und Ausnutzen der ökonomischen Gesetze selbst.

Die theoretisch-methodologische Bedeutung des angeschnittenen Fragenkreises sehe ich darin, daß wir bei der Untersuchung des Wirkens der ökonomischen Gesetze im Sozialismus nicht bei den objektiven Prozessen stehen bleiben, sondern vielmehr die Subjekt-Objekt-Beziehungen einbeziehen.

Bestimmte Verhaltensweisen werden doch offensichtlich gesetzmäßig ausgelöst. Es handelt sich, determiniert durch das Objektive, demnach um Gesetze des gellschaftlichen Verhaltens, um Gesetzmäßigkeiten der Subjekt-Objekt-Beziehungen.

Oskar Lange, einer der keineswegs zahlreichen Theoretiker, die sich schon vor längerer Zeit mit diesen Fragen befaßten, rechnet die praxeologischen Gesetze zu den ökonomischen. Er behandelte in seiner „Politischen Ökonomie“ in einem Unterabschnitt des Kapitels über ökonomische Gesetze die „Gesetze des menschlichen Verhaltens und des Aufeinanderwirkens menschlicher Handlungen“[1] und kam zu dem Schluß, daß es drei Arten von ökonomischen Gesetzen gebe, „und zwar die Gesetze der technischen und Bilanzbeziehungen der Produktion, die Gesetze des menschlichen Verhaltens und die Gesetze des Aufeinanderwirkens menschlicher Handlungen“.[2] Ich habe Bedenken, daß dies so richtig ist, einfach deshalb, weil damit Objektives und Subjekt-Objekt-Beziehungen auf eine kategoriale Ebene gehoben werden.

Dabei muß auch bedacht werden, daß die Motivationen des Verhaltens der verschiedenen Individuen, Gruppen usw. sehr vielfältig sind. Es gibt gesamtgesellschaftliche, Klassen-, Gruppen- und individuelle Interessen, es gibt wirtschaftliche, politische, ideologische, soziale, moralisch-ethische, physische und psychische Faktoren, die hier wirken, besonders beim Verhalten der verschiedenen Individuen.

Da die Entwicklung der gesellschaftlichen und individuellen Subjekt-Objekt-Beziehungen für den weiteren Ausbau unserer sozialistischen Gesellschaftsordnung von so großer theoretischer und praktischer Bedeunug ist, sollten wir Wirtschaftswissenschaftler die Untersuchung der relevanten Probleme (und auch die Lehre darüber!) nicht nur den Soziologen, Sozialpsychologen und Philosophen überlassen. Wir Ökonomen haben hier ein wichtiges Arbeitsfeld. In der Praxis wird seit einiger Zeit ein neues koordinierendes Planungsgebiet entwickelt, die Sozialplanung. Ihr Ausbau und ihre weitere wissenschaftliche Begründung entsprechen natürlich durchaus dem Wesen und den Zielen der sozialistischen Wirtschaft.

[1] Oskar Lange, Politische Ökonomie, Band I, Berlin 1969, S. 82ff.

[2] Ebenda, S. 84.

Sitzungsberichte der AdW der DDR, 22	1973

J. Kuczynski

Ich halte die Ausführungen von Fred Oelßner vor allem aus zwei Gründen für sehr wichtig.

Einmal wegen seiner Aufforderung, nach mehr Gesetzen der Politischen Ökonomie des Sozialismus zu suchen. Dabei muß man sich jedoch darüber klar sein, daß wir in mancher Beziehung noch relativ am Anfang der Entwicklung der sozialistischen Gesellschaft stehen, nicht zum wenigsten deswegen, weil der Kapitalismus noch einen großen Teil der Welt beherrscht und das selbstverständlich auch die Entwicklung des Sozialismus beeinflußt — wir brauchen nur daran zu denken, wieviel von unserem wissenschaftlich-technischen Potential wir auf die Verteidigungsbereitschaft gegen den aggressiven Imperialismus verwenden müssen, statt es allgemein auf die Hebung der Produktivität in der Wirtschaft konzentrieren zu können. Natürlich wird es viel leichter sein, solche Gesetze in einer vom Sozialismus beherrschten Welt zu finden.

Sodann aber scheint mir von besonderer Wichtigkeit der Hinweis Fred Oelßners auf die Schatzkammer der von den Klassikern geschaffenen Politischen Ökonomie des Kapitalismus als auch von größter Bedeutung für die Politische Ökonomie des Sozialismus, wenn wir verstehen zu tun, was Marx (zitiert von Fred Oelßner) so formuliert: „. . . streift man sowohl dem Arbeitslohn wie dem Mehrwert, der notwendigen Arbeit wie der Mehrarbeit den spezifisch kapitalistischen Charakter ab, so bleiben eben nicht diese Formen, sondern nur ihre Grundlagen, die allen gesellschaftlichen Produktionsweisen gemeinschaftlich sind".

Völlig recht hat Fred Oelßner, wenn er sagt „Solche Gesetze, die Marx entdeckt hat und die auch im Solzialismus gelten, wenn wir sie nur ihrer kapitalistischen Form entkleiden, gibt es eine ganze Menge."

Und das Gleiche wie für Gesetze gilt auch für Kategorien, wenn man sie ihrer kapitalistischen Formen entkleidet.

Erst vor ganz kurzem stieß ich auf heftigen Widerspruch unserer Politökonomen, als ich von der Planung in der Landwirtschaft der Feudalzeit sprach — Planung nicht nur im einzelnen Bauernbetrieb, sondern auf breiter lokaler Ebene, etwa in der Marktgenossenschaft. Da war es dann von großem Interesse für mich, in einer sowjetischen Geschichte der Politischen Ökonomie zu lesen: „Die Kategorie der Planmäßigkeit ist ein zu umfassender Begriff, als daß er auf das sozialistische Wirtschaftssystem beschränkt werden könnte. Karl Marx sprach von der Planmäßigkeit bereits in der einfachen kapitalistischen Kooperation und in der Manufaktur.“[1]

Für sehr nützlich halte ich es auch, daß Fred Oelßner seinen Versuch, uns Wege zur Entdeckung von Gesetzen des Sozialismus auf Grund von Ausführungen von Marx über den Kapitalismus aufzuzeigen, gerade auf die Zirkulationssphäre konzentriert hat. Wie recht hat er, wenn er sagt: „In unserer Forschung werden aber der Zirkulationsprozeß und seine Gesetze sträflich vernachlässigt, obwohl Marx ihnen bekanntlich einen ganzen Band seines Hauptwerkes gewidmet hat. Einen der Hauptgründe für diesen Mangel sehe ich darin, daß viele Ökonomen fürchten, der revisionistischen Konzeption eines „Marktsozialismus“ geziehen zu werden, wenn sie sich mit Zirkulationsproblemen befassen, die ja zu einem großen Teil Marktprobleme sind. Und das Wort „Markt“ wirkt auf manche Leute wie ein rotes Tuch auf den Stier. Man sollte solche Leute möglichst weit von der theoretischen Ökonomie entfernt halten, denn sie richten nicht unerheblichen Schaden an.“

Abschließend nur ganz kurz zu Fred Oelßners Polemik gegen meine „Gesetzesauffassung“: Ich bin von seinen Bemerkungen nicht überzeugt und bleibe bei dem, was ich zuletzt zu dieser Frage in der „Wirtschaftswissenschaft“[2] gesagt habe.

[1] Geschichte der politischen Ökonomie des Sozialismus, Berlin 1973, S. 17.

[2] J. Kuczynski, Ökonomisches Gesetz und subjetiver Faktor, in: Wirtschaftswissenschaft 1/1973, S. 33f.

Sitzungsberichte der AdW der DDR, 22	1973

L. WELSKOPF

Der Kernpunkt der Ausführungen des Referenten ist nach meiner Auffassung mit seinen Worten „auf Entdeckungsfahrt gehen" formuliert. Auf dem gegenwärtigen Stande der Forschung und der Praxis sind Probleme der Distribution in der Ökonomie der sozialistischen Gesellschaft nach vielen Richtungen hin aktuell, und ihre Lösung ist praktisch dringend geworden. Die Theorie muß sich somit diesen Fragen stellen. Der Referent hat meines Erachtens völlig zutreffend analysiert, wie Marx bei der Untersuchung der kapitalistischen Produktionsweise auf Tendenzen, Notwendigkeiten gestoßen ist und entsprechende Begriffe formuliert hat, die — durch die spezifische kapitalistische Form hindurch erkannt bzw. definiert — für uns von weitergreifendem Erkenntniswert bleiben. In solchem Zusammenhang muß tatsächlich jeder sozialistische Ökonom die Marxsche Analyse des Kapitalismus studieren, um nicht Zeit und Kraft für Entdeckungen aufzuwenden, die längst gemacht sind. Die Weiterarbeit kann schon auf dieser Basis fußen. Daß eine Weiterarbeit unumgänglich ist, erweist die fortscheitende Praxis, deren Fortschritt und deren damit verbundene Widersprüche keineswegs irgendwo aufhören werden. Im Augenblick sehen wir klar, daß Probleme der Distribution, des sozialistischen Marktes, des Wertes, in ihrer Bedeutung und Funktion hier und jetzt auf das sorgfältigste untersucht und beachtet werden müssen, um den bestmöglichen ökonomischen Erfolg zu erzielen. Das gleiche gilt für die Analyse der menschlichen — sozialen — Verhaltensweisen, das heißt also für die Soziologie. Denn die Gesetze der sozialistischen Ökonomie setzen sich nicht mit einem Federstrich, sondern vermittels der sozialen Verhaltensweisen durch. Es wäre allzu „sokratisch" falsch gedacht, daß das bloße Wissen um die Gesetze schon genüge, um das Richtige auch zu tun. Die Tatsache, daß sich das Interesse sozialistischer Wissenschaftler heute auf die Fragen der Distribution, in bezug auf die privatwirtschaftlich fundierten Gesellschaftsformationen also auf Warencharakter und Warenverkehr richtet, erlebe ich auf meinem Spezialgebiet als Historiker in der

Analyse der antiken Wirtschaft und Kultur. Ich habe dabei sogar zu beobachten, daß sich Wissenschaftler mit einer wahren Vehemenz und Einseitigkeit auf das bisher zu wenig beachtete Gebiet stürzen und nun auch vieles einseitig von dieser Seite her erklären wollen, was von hier aus gar nicht zu klären ist. Denn schließlich hat Marx die Ware analysiert, um die Verhältnisse in der unmittelbaren Produktion hinter diesem Schleier zu entdecken, und wir dürfen uns natürlich nicht diesen Schleier von neuem um die Augen binden. Was nicht bedeutet, daß wir uns nicht mit Ware und Wert in Geschichte und Gegenwart zu befassen hätten, wohl aber, daß wir mit der aktuellen Aufgabe nicht die Gesamtheit der Verhältnisse und Vorgänge aus dem Auge verlieren dürfen — in der gesamten Geschichte der Wissenschaft wiederholt sich immer wieder solche Einseitigkeit im Vorstoß zu etwas Neuem. Man muß sich dessen bewußt bleiben.

Ich komme zurück zur „Entdeckungsfahrt". Sie war und bleibt der Weg der Wissenschaft. Sie war und bleibt auch der Weg ganz besonders des jungen Wissenschaftlers. Wir werden in keinem jungen Menschen Interesse wecken, wenn wir ihm nur bereits Erkanntes vorsetzen und ihm nicht den weiterführenden Weg, die enormen künftigen Aufgaben auch der Gesellschaftswissenschaften zumindest andeuten. Diese Erkenntnisaufgaben werden nicht ein für allemal Fragen der Distribution und der Funktion des Wertes im Sozialismus sein; das ist nur der zunächst zu machende Schritt für uns Entdecker der Wirksamkeit von Produktionsverhältnissen, zu denen auch das Wertverhältnis zählt. Die Aufgabe der Erforschung sozialer Verhaltensweisen wird dabei, in solcher Allgemeinheit gefaßt, immer bestehen.

Sitzungsberichte der AdW der DDR, 22 | 1973

H. HÖRZ

Der Vortrag stellt auch wichtige Fragen an die philosophische Forschung. Ein Gesetz ist ein allgemein-notwendiger, das heißt reproduzierbarer und wesentlicher, das heißt den Charakter der Erscheinung bestimmender objektiver Zusammenhang zwischen Objekten und Prozessen. Für die Gesetzeserkenntnis reicht es jedoch nicht aus, nur die allgemeine Notwendigkeit und wesentliche Seiten aufzudecken, sondern es ist notwendig, tiefer in die Struktur objektiver Gesetze einzudringen, um den Zusammenhang von Gesetz und Bedingungen und das System von allgemeinen und besonderen, koexistierenden, entgegengesetzten usw. Gesetzen genauer theoretisch zu erfassen. Deshalb wäre es erforderlich, nicht nur einzelne Gesetze zu formulieren, sondern vor allem den inneren Zusammenhang zwischen verschiedenen Gesetzen genauer zu erforschen. Dabei reicht es sicher nicht aus, nur intuitiv allgemeine Gesetze anzugeben, wie etwa das Gesetz von der Ökonomie der Zeit und die wissenchaftliche Ableitung der besonderen Gesetze aus dem allgemeinen Gesetz nicht vorzunehmen. Hier ist vom Vortragenden vor allem auf die Notwendigkeit verwiesen worden, der Erkenntnis objektiver Gesetze mehr Aufmerksamkeit zu scheneken.

Eine gewisse Hilfe dafür könnten die philosophischen Untersuchungen zur Struktur der statistischen Gesetze sein, aus denen sich methodologische Hinweise für die Gesetzeserkenntnis ableiten lassen. Ein *philosophisch definiertes* statistisches Gesetz ist ein allgemeinnotwendiger und wesentlicher Zusammenhang, nach dem eine Möglichkeit für das System notwendig verwirklicht wird (dynamischer Aspekt), wobei für die Systemelemente eine Reihe von Möglichkeiten existiert, deren Verwirklichung einer Wahrscheinlichkeitsverteilung entspricht (stochastischer Aspekt), wobei eine Möglichkeit sich mit einer bestimmten Übergangswahrscheinlichkeit verwirklicht (probabilistischer Aspekt). Für die Bedingungen des Gesetzes ergibt sich daraus eine Differenzierung in spezifische Existenzbedingungen erster und weiterer Ordnung für die Teilsysteme und Elemente, sowie in Begleitbedingungen. Eine Vielzahl der bisherigen Gesetzesformulierungen enthält nur den dynamischen Aspekt des Gesetzes, während andere nur stochastische Verteilungen darstellen. Die theoretische Erfassung des Systems der Gesetze erfordert aber die Aufdeckung der jeweils anderen Aspekte des Gesetzes, weil das erst seinen Zusammenhang mit anderen Gesetzen zeigt.

Dieses tiefere Eindringen in die Struktur objektiver Gesetze erlaubt meines Erachtens erst weitergehende Aussagen über die Beziehungen zwischen subjektiven und objektiven Momenten in der Gesetzesproblematik zu machen. Es reicht sicher nicht aus, die Objektivität gesellschaftlicher Gesetze nur dadurch zu bestimmen, daß sie sich hinter dem Rücken der handelnden Menschen durchsetzen. Damit wird die Dialektik von Spontaneität und Bewußtheit nicht beachtet und die Objektivität der Gesetze auf die Spontaneität eingeschränkt. Das erscheint mir problematisch. Deshalb ist es gerade für die entwickelte sozialistische Gesellschaft und die Entwicklung der Bewußtheit der Massen wichtig, die Objektivität gesellschaftlicher Gesetze genauer zu bestimmen und dadurch auch die subjektiven Faktoren hervorzuheben. Die vom Menschen zu erkennenden, aber unabhängig von ihm existierenden Faktoren in der Struktur gesellschaftlicher Gesetze sind, ausgehend von der philosophischen Definition des statistischen Gesetzes, die historische Notwendigkeit des gesellschaftlichen Gesamtprozesses, die sich jedoch nicht automatisch in ganz bestimmten gleichbleibenden Formen unter allen Bedingungen durchsetzt. Deshalb sind weitere objektive Faktoren, die in bestimmten Zeiten unter bestimmten Bedingungen existierenden objektiven Möglichkeiten (Möglichkeitsfeld) zur Durchsetzung der historischen Notwendigkeit. Entsprechend der dialektisch-materialistischen Entwicklungstheorie können in der im Entwicklungsgesetz zum Ausdruck gebrachten Tendenz zur Höherentwicklung auch Möglichkeiten auftauchen, die Stagnation oder Regression repräsentieren. Diese Möglichkeiten gehören ebenfalls zum Gesetz, wenn sie vielleicht auch eine geringere Wahrscheinlichkeit zu ihrer Verwirklichung besitzen, als die anderen, was von den existierenden und zu schaffenden Bedingungen abhängt. Insofern gehören die Wahrscheinlichkeiten ebenfalls zu den objektiven Faktoren in bestimmten Zeiten. Da jedoch die Bedingungen zusammengesetzt sind aus den bereits existierenden (objektive und subjektive Faktoren) und den noch durch bewußtes zielgerichtetes Handeln zu schaffenden, ist die Wahrscheinlichkeit für die Verwirklichung einer bestimmten Möglichkeit auch abhängig von der ständigen Veränderung der Bedingungen. Denken wir beispielsweise an die ständigen Analysen Lenins 1917 über die Möglichkeiten des

Siegs des Sozialismus und ihre wahrscheinliche Verwirklichung unter den ständig wechselnden Bedingungen.

Wenn wir deshalb die Objektivität generell als Subjektunabhängigkeit fassen können, dann sind objektive gesellschaftliche Gesetze subjektunabhängige Invarianten im menschlichen Handeln. Ihre Invarianz beruht auf ihrer allgemeinen Notwendigkeit und den wesentlichen Seiten des Gesetzes. Diese Objektivität kann nur dann mit Materialität gleichgesetzt werden, wenn es sich um die Unabhängigkeit von der menschlichen Gesellschaft überhaupt handelt. Subjektunabhängigkeit ist also zu differenzieren, was auch die Einwirkungsmöglichkeiten des Menschen auf den gesetzmäßigen Geschichtsverlauf zum Ausdruck bringt. Der Mensch als Schöpfer der Geschichte kann nicht die historische Notwendigkeit des gesellschaftlichen Gesamtprozesses verändern, wohl aber durch das Schaffen und Beseitigen von Bedingungen die eine oder andere objektive Möglichkeit dieses Prozesses verwirklichen helfen. Dieser subjektive Beitrag zur Geschichte geschieht spontan oder bewußt. Die entscheidenden Momente bewußten Handelns sind die Erkenntnis der Gesetze, die Entscheidung auf der Grundlage vorhandener politischer und Rechtsnormen für die Verwirklichung einer der existierenden Möglichkeiten und die Auswertung des auf der Entscheidung beruhenden Handelns.

Je gründlicher wir deshalb bei der Erkenntnis der Gesetze in seine innere Struktur eindringen, indem nicht nur die sich verwirklichende Tendenz (die notwendig sich verwirklichende Systemmöglichkeit) erkannt wird, sondern auch die objektiven Möglichkeiten mit ihren Bedingungen und den daraus sich ergebenden Wahrscheinlichkeiten zur Verwirklichung der Elementmöglichkeiten aufgedeckt werden, desto besser sind die Entscheidungen der entsprechenden Entscheidungsgremien begründet. Nach Engels gehört zur Freiheit des Menschen die auf der Einsicht in die Gesetze beruhende Entscheidung mit Sachkenntnis, die Grundlage des Handelns der Menschen ist. Der Subjektivismus besteht nicht in der subjektiven Entscheidung. Er tritt in zweifacher Hinsicht auf. Einerseits besteht er in der Mißachtung bereits gewonnener Erkenntnisse und der ungenügenden Entscheidungsvorbereitung durch tieferes Eindringen in die Gesetze. Andererseits ist es Subjektivismus, wenn vorgegebene Normen bei der Entscheidung mißachtet werden. Das kann sowohl auf Normen zutreffen, die für die Beratung vorgesehen sind, als auch auf solche, die den inhaltlichen Rahmen für Entscheidungen bestimmen, wie etwa der proletarische Internationalismus. Eine subjektivistische Entscheidung, die die Regeln der Demokratie verletzt, kann deshalb trotzdem im Einklang mit den bisherigen Erkenntnissen sein.

Die Beachtung verschiedener Elementmöglichkeiten eines Systemgesetzes verweist zugleich auf die im Gesetz enthaltene innere Widersprüchlichkeit was Marx dadurch verdeutlichte, daß er am Beispiel des Gesetzes vom tendenziellen Fall der Profitrate das Gesetz als Einheit sich widersprechender Seiten charakterisierte. Das zeigt die Problematik von Entscheidungen. Die im Gesetz enthaltenen Elementmöglichkeiten sind nicht gleichwertig, bezogen auf ihre Wahrscheinlichkeiten, und sie bringen oft entgegengesetzte Tendenzen zum Ausdruck. Denken wir etwa an das Gesetz der planmäßigen proportionalen Entwicklung der Volkswirtschaft und die Möglichkeiten der vorwiegend extensiven oder intensiven Entwicklung, dann wird deutlich, wie wichtig die Analyse der Bedingungen für die Entscheidungen ist. Ist jedoch die Entscheidung für eine Möglichkeit getroffen, die es zu verwirklichen gilt, dann ist die Schaffung der entsprechenden Bedingungen zur Verwirklichung gerade dieser Möglichkeit und keiner anderen, objektives Erfordernis. Objektives Gesetz und objektives Erfordernis sind danach nicht einfach identisch. Das Gesetz oder besser das System der Gesetze ergibt ein Möglichkeitsfeld, und nicht alle Möglichkeiten können gleichzeitig verwirklicht oder gar hintereinander durchprobiert werden. Deshalb sind auch nicht alle Existenzbedingungen zweiter Ordnung, die es für die Verwirklichung der Möglichkeiten zu schaffen gilt, objektive Erfordernisse, sondern nur die für die durch Entscheidung ausgewählte Möglichkeit.

Diese Bemerkungen sollen verdeutlichen, daß wir die Subjekt-Objekt-Dialektik im Verhältnis von objektiven Gesetzen und gesellschaftlichem Handeln noch genauer erforschen müssen. Dabei ist große Aufmerksamkeit den theoretischen Bindegliedern, eben der Erkenntnis der Gesetze, den Normen, der Entscheidung und der Auswertung des Handelns zuzuwenden.

Bei Fragen zur Produktsicherheit wenden Sie sich bitte an:
If you have any questions regarding product safety,
please contact:

Walter de Gruyter GmbH
Genthiner Straße 13
10785 Berlin
productsafety@degruyterbrill.com